ÂNIAAH MAIOR

DESAFORTUNADO

2

ÂNIAAH MAIOR

DESAFORTUNADO

PENACIDADE WORDS AND WORLDS

5

O conteúdo desta obra é de inteira responsabilidade da autora.

DESAFORTUNADO

Outono

+12 

FICHA TÉCNICA

Publicadora: Penacidade Words and Worlds

A Penacidade W's&W's é uma publicadora de obras de ficção e não-ficção, principalmente nas línguas portuguesa, espanhola, francesa, italiana, romena, alemã, inglesa e âneerlandesa

Tem como seu fulcral objectivo a publicação de um novo livro a cada três meses

Autora: Âniaah Maior

Nasceu a 7 de Dezembro de 1992 em Luanda (Kilamba Kiaxi)

É estudante de Contabilidade e Administração pela Universidade Católica de Angola

Começou a escrever por incentivo das aulas de Língua Portuguesa. Chegando em 2011 a vencer o concurso escolar Lírico, tendo participado com o poema "Ser estudante"

E em 2022 participou numa das edições do concurso "Catana 4 de Fevereiro - a Luta Armada"

Além da literatura, em 2010 foi coordenadora da escola de dança Brilho do Semba, e co-fundou a 9 de Maio de 2019 a Boutique Âniaah Ondina

Contacto» instagram.com/aniaahmaior || twitter.com/AniaahMaior || linkedin.com/in/aniaahmaior || aniaahmaior07@outlook.com

Editora de Capa: Edna Sofia da Cruz Júlio

Artista plástica da nouvelle vague do expressionismo

Contacto» ednasofiaj@gmail.com || +244928082105 || +244928306123 || instagram.com/edinhaaaaaaaaaaa

ÂNIAAH MAIOR

Penacidade Words and Worlds:

WHATSAPP https://wa.me/c/244958172803
TUMBLR http://penacidade-words-and-worlds.tumblr.com
ABOOKATIME >https://instagram.com/ABOOKATIME
>https://fb.com/ABOOKATIME/photos
BOOKSHOP >https://bookshop.org/shop/penacidade-words-and-worlds
>https://uk.bookshop.org/shop/penacidade-words-and-worlds
FACEBOOK https://fb.com/Penacidade
FLICKR https://flickr.com/people/penacidade-words-and-worlds
INSTAGRAM >https://instagram.com/penacidadeworlds
>https://www.threads.net/@penacidadeworlds
#reels >https://www.instagram.com/penacidadeworlds/reels/
LINKEDIN http://linkedin.com/in/penacidade-words-and-worlds-8a16a217b/
PINTEREST https://pinterest.com/penacidadeworlds
READERSBESTNESS https://instagram.com/readersbestness
REDDIT https://www.reddit.com/user/penacidadeworlds
SNAPCHAT https://www.snapchat.com/penacidade
TELEGRAM https://t.me/penacidadeworlds
TWITTER https://twitter.com/penacidadewords
VERO https://vero.co/penacidadeworlds
YOUTUBE https://youtube.com/@Penacidade_Words_and_Worlds
Shops near you!! - @penacidadeworlds
https://instagram.com/s/aGlnaGxpZ2h0OjE3OTIzODY5Mjk1NjQwODMz

To see || To buy || To pick up || To screenshot shops

#sense

Penacidade W's&W's
TEMPORADA || SAISON || SEASON || STAFFEL
6

https://linktr.ee/abookatime

https://linktr.ee/Penacidade_Words_and_Worlds

https://linkin.bio/abookatime

DESAFORTUNADO

Prezado Leitor,

"O convívio com a poesia favorece o prazer da leitura do texto poético e a produção dos próprios poemas, o exercício poético ajuda no desenvolvimento de uma compreensão mais rica da realidade, aumenta a familiaridade com a linguagem mais elaborada da leitura e enriquece a percepção"

Por isso trago para si, os meus aprazíveis poemas que lhe ajudarão a seguir os caminhos das emoções, da sentimentalidade e da imaginação.

12

AGRADECIMENTOS

A Deus que fez com que meus objectivos fossem alcançados, durante todos os meus anos escrevendo. E também por me ter permitido que eu tivesse saúde e determinação para não desanimar durante a realização desta obra.

Aos meus irmãos Filomeno Moniz, Miguel Maior, Luzia Maior, Elisa Maior, Esperança Maior, Maura Maior, Adilson Maior, Judith Senje da Silva e em especial Emanuel Monis Maior e Máudia Moniz, por todo apoio e pela ajuda que muito contribuíram para realização desta obra.

A minha profunda gratidão à Dra. Joana Neto Vigário e ao meu sobrinho Jessiel Maior Paquete, pelas valiosas contribuições no princípio desta obra.

Aos meus amigos Artur Ruben Sicato, Milton Ribeiro, Miguel Dos Santos N`landu (em memória), Ondina Jacinto, Esmeraldina da Glória, Daniel Pinto, Sónia Muhongo e Raissa Sebastião, que sempre estiveram ao meu lado, pela amizade incondicional e pelo apoio demonstrado ao longo de todo período de tempo em que me dediquei a esta obra.

14

DEDICATÓRIA

Dedico este livro inteiramente aos meus pais **(João Adão Maior e Emília José Moniz)** com todo meu amor e gratidão, por serem os meus maiores e melhores orientadores na vida, e que sempre estiveram ao meu lado compartilhando sua experiência de forma construtiva.

DESAFORTUNADO

16

ÍNDICE

ELEMENTOS PRÉ TEXTUAIS

ELEMENTOS TEXTUAIS

ELEMENTOS PÓS-TEXTUAIS

23

ÂNIAAH MAIOR

24

25

I

POEMAS BRANDOS

SER ESTUDANTE

Ser estudante é dar luz a nossa mente.
Estudar, estudar de verdade é abrir o mundo
Da aprendizagem.

É conhecer palavras estéticas.
Ser estudante é uma dádiva de Deus.

Estudar é despertar uma mente fechada.
É conhecer palavras relíquias.
É renunciar o engano do ignorante.
É saber viver em cada página da vida.

Ser estudante é viver num mundo brilhante…

25. Outubro. 2011

EU PROMETO

Eu prometo amar sem delitos
Amar além da vida, vida subtil mas com pranto
Eterno.

Amar como um vil açoitado...
Amar até ao escarlate da veia dissimulada
Sucumbir.

Eu prometo amar sem tecer,
Amar na paz, amar na alma
Nobre, amar na carência de coerência.

Eu prometo amar na divulgação do lirismo, amar na
Liquefacção da poderosa alma.
Amar na esperança de existirem outras vidas,
Amar na progressão do amor...

Eu prometo amar…
Amar na fé, fé que oferece aplausos
Repentinos.
Amar no infinito da razão,
Amar na escassez do regozijo …

Amar na crença de existirem novos amores,
Amar sem abdicar o amor…
Eu prometo, amar e somente amar.

11. Agosto. 2016

AMOR

Quero um anjo ao meu lado, um eterno
Companheiro, sei que não sei despedir-me
Por isso me abrace e cuide de mim.

Fale-me com ternura do nosso amor, dite-me
A solução da nossa união, só você sabe de mim.

Se nos somarmos somos físicos e ao mesmo
Tempo romance. Se nos subtrairmos somos pó
Porque ninguém vive longe um do outro...

Toque-me para que eu tenha a certeza que ainda
Está por mim, não me deixe, sozinha, só sei lamentar.
Aliás chorar também!

31

Eu bem sei que um se vai primeiro,
Ninguém sabe do amanhã, ou
Poderemos partir os dois?
Mas a realidade é que ainda estamos
Juntos e não me canso de dizer, cuide de mim…

14. Agosto. 2022

MULHER

Mulher, é mais forte que as águas do mar que
Batem as pedras das ilhas…
Mais quente que o fogo quando vai a procura
Do pão da vida para sobreviver.

Não sentindo o sol da tarde pensando no seu
Querer e merecer…
Mulher, é tão polivalente, a dona
Dos seres humanos, porque de si saímos.

Através do seu esforço surge em si
Um sorriso pleno e brilhante…
É a rainha do rei e a heroína do herói
Porque assim se classificam.

33

Não precisa chorar por sofrer, mas sorrir por
Saber que é MULHER.

8. Março. 2012

ADOLESCENTE

Sou adolescente quero voar sem asas.
Sou adolescente,
Adolescente, adolescente
E cheia de curiosidades.

Quero saltar dos 15 e sentir
Minha liberdade…
Liberdade que é cheia de diversão e pouca
Responsabilidade…

Liberdade pecaminosa que me faz esquecer os conselhos.
Liberdade que me faz sentir as noites.
Sou adolescente…

Adolescente, adolescente e cheia de curiosidades.

35

Quero saltar dos 15 e sentir o namoro.
Namoro que é cheio de paixão e pouco amor.

Namoro que me faz sentir feliz e esquecer as
Consequências…

Sou adolescente…
Adolescente que só vive o presente fazendo tudo que posso.
Sou adolescente…

01. Março. 2012

VIVER

Viver é uma alegria
Quando a gente nasce
É um sofrimento
Quando a gente quer...

É mais do que um sorriso
Quando temos pai e mãe,
É um escuro quando perdemos os dois.

Viver é crescer a cada dia que passa, é abraçar o
Futuro e enterrar o passado.

É um ódio quando tudo da errado,
É saber gerir para conhecer o universo...

Viver é acreditar em Deus e
E abraçar suas palavras!

É procurar o sexo oposto para se multiplicar
É querer viajar no país das maravilhas,
É sonhar sem dormir e morrer sem querer.

24. Fevereiro. 2013

JÁ NÃO SEI LIDAR COM O TEMPO

Ainda não escrevi todas
As frases e o tempo lá se foi,
Ainda não declarei o meu amor
E o tempo lá se foi.

Ainda não jurei lhe amar
Para sempre e o tempo lá se foi.
Ainda não desenhei o seu
Sorriso e o tempo lá se foi.

Ainda não cumpri com o alfa
E o ómega e o tempo lá se foi
E o tempo lá se foi, sem eu ter
Feitas as coisas no meu tempo…

Agosto. 2014

EU QUERIA SER NADA

Eu queria ser nada
Mas ainda posso ser nada
Mas se eu for nada
Muitos rostos molharão…

Eu queria ser nada
Mas ainda posso ser nada
Mas se eu for nada
Os corações despedaçarão…

Eu queria ser nada
Mas ainda posso ser nada
Mas se eu for nada o mundo esvaziará.

Eu queria ser nada, mas ainda posso ser nada
Mas se eu for nada a solidão surgirá…

Eu queria ser nada
Mas ainda posso ser nada
Mas se eu for nada, meu poema ficará.

09. Novembro. 2011

MAR

Felicidade te merece
Porque molhando o meu
Corpo eu me sinto oh.

Saber que existes é a melhor
Coisa da vida!

Enfrentando-me a ti é arriscar
O que sou para te sentir…

Mergulhando-me a ti é a melhor
Festa que posso curtir.

Pois as marés são o que eu mais gosto
Em ti e me alegro

42

Em saber que nunca acabarás porque
Finalmente eu é quem te Deixarei.

11. Novembro. 2011

BEIJOS

Beijo da paz que trouxe o nobre amor,
Repouso em silêncio com tranquilidade
Em minha alma.

Beijo da amizade, amizade que existiu
Outrora e me tirou das lembranças.

Beijo dos anjos virtuosos, as sentinelas mais
Puras que vigiam o meu ser, hospedo-os com
Gratidão.

Beijo da mãe negra, que pisou na terra África
E com desvelo aleitou seu fruto vivo.

Beijo do amor de uma criança, sorriso singelo
E com amor restitui...

Beijo do namorado garboso, chegando com carícias
Afáveis, cheirando jasmim, não posso olvidar.
Beijo do dar, beijo do receber, beijo da restituição…

26. Abril. 2023

COMPASSO DE ESPERA

Ninguém espera um ao outro, viver é caminhar por si só,
Se com um passo em frente você chegar primeiro, não rebaixe
O que espera...

Esperar não é perder, é ganhar mais uma hora,
Para não descompassar o tempo. Brilhe esperançoso! Não
Toque no sino do amanhã, porque o sol não brilha num só
Dia...

Os dias passam sim, a noite vem e o sol se vai, e à medida que
Isso acontece é mais um momento para esperar e acreditar.

Brilhe esperançoso! Brilhe mesmo aqui, abrace a esperança,
Relaxe com fé, seu dia há-de chegar também.

46

E se com um passo em frente
Você chegar primeiro, não rebaixe o que espera…

27. Março. 2023

AMOR E PAIXÃO

Você falará de paixão e eu de amor
Quando unirmos será paz e amor ou
Melhor será coração.

O amor cuida mais… Não! A paixão tem
Mais encantos.

Sim, a paixão vem com fogo, acende todos
Os órgãos e acaba se apagando, ama um pouco
E acaba falecendo.

O amor brilha mais, olha com sinceridade, cuida
Para valer e nunca desfalece, continua dando amor.

48

*O amor vence tudo, a paixão gosta do vai e vem, o amor
Permanece e cura todas as feridas causadas pela paixão…*

27. Março. 2023

SEMEEI

Semeei virtude,
Colhi amor,
Amor saudável…

Que cresce regado
Por bondade,
Bondade de homens
E mulheres que circulam
Na Caixinha do amor.

E se essa caixinha
Do amor explodir?

Bom para que possamos
Espalhar amor por todo
Lado.

50

Semeei virtude e colhi amor…

27. Março. 2023

SEGREDO

Com os homens eu interajo, no convívio
Com alegria é tudo um sorriso.

Aos anjos peço que andem de mãos dadas
Comigo.

Ao meu amor peço que guarde com zelo
Cada parágrafo deste poema.

A Deus conto um segredo, sublinho os
Pecados a serem redimidos e começo a falar…

25. Abril. 2023

PARABÉNS I

Parabéns ao meu amor que teve o fado
De se embater comigo.

Com essa sina de nos encontrarmos, canção
Popular portuguesa entoei.

Com a ânsia de o abraçar a dança da roda de origem
Brasileira eu dancei.

Parabéns ao meu amor que teve o privilégio de tocar
Meu ababados e no carnaval puramente angolano
Desfilou comigo…

25. Abril. 2023

PARABÉNS II

Parabéns ao meu amor, que com seu nobre
Coração fez fluir o perdão.

Parabéns aos nossos risos renovados, parabéns
Aos votos cumpridos a nova união.

Parabéns ao meu amor que teve a sensatez
De remover o sensabor do meu coração.

Parabéns a vida que me uniu a ti, parabéns as
Noites silenciosas que no calar do tempo presenteou-me
Com afectuosa atenção.

54

*Parabéns a nós, parabéns aos anjos da amizade por
Suster nosso amor, fazendo equilibrar, tornando firme a
paixão.*

10. Maio. 2023

QUE CULPA TEREI EU?

Que culpa terei eu?! Se o amor que
Senti por ti não foi análogo.

O tempo não pára e a vida é dinâmica
Quando um amor se vai, um outro vem
Suspendendo a amargura antiga.

Ninguém é tristeza infinita, na razão o choro
É austero mas a qualquer altura se vai embora e com
O resplandecer de um novo amor, aceito a
Felicidade de volta.

09. Maio. 2023

UMA POETISA DISSE

*Que para o amor fluir vale a pena
A individualidade consciente coincidir.*

*Cada um procura o seu eu em outro ser
Gerando paz e concordância, sem poder colidir.*

*Se quem ama sofre, quem não ama sofre mais.
Viver sem amor é desamor a vida, é perder detalhes
Da felicidade é dar um certeiro ao sofrimento da alma.*

*Confundir o tempo certo com desespero, é sangrar um
Coração aquietado, cada certificado do amor já existe,
Basta cré e esperar que chegará em total forma…*

10. Maio. 2023

BEIJO MOLHADO

Na esquina mesmo cruzamo-nos, se era
Sorte não sei dizer.

Me lembro bem, choveu em gotas miúdas
Olhei fingido e me apaixonei.

Em passos lentos aconchegamo-nos e um
Abraço surgiu também…

Com aliciar da chuva nos beijamos, as gotas
Caiam no centro dos nossos lábios grudados,
Querendo separar dois corações apaixonados…

11. Maio. 2023

CORROSÃO

Na tristeza, na alegria eu jurei amor eterno
E no tempo de amar eu desnaturei a jura.

Jurei para cumprir e nem metade eu conclui...
Danifiquei o coração de quem em mim confiou.

Depravei a paixão e não ardeu em chamas vivas.
Vou continuar em silêncio corroendo o coração,
Que não quer mais amar ninguém...

09. Maio. 2023

A COR VERDE DO JADE

Na cor verde do Jade
Encontrei a esperança!

Minha pedra dura,
Que alterna na cor…

De esbranquiçada
A verde-escura só sei
Que deleito na saudade.

Na cor verde do jade quero
Encontrar meu amor, coberto
De valor, recebo-o com ambição…

25. Abril. 2023

PONTO FINAL

Vida que segue, amor que inova.
Amor que inova, paixão que aquece.
Laços que unem, corações combinados.
Vida que fica, amor prevalece.
Amor prevalece, chamas que ardem.
Pronto no amor, pronto na dor.
Vidas que chegam no ponto final…

25. Abril. 2023

FUNÉREO

Eu vou partir, mas não na totalidade
Uma parte de mim há-de ficar.

Eu vou partir, quando o sopro incutido
Em mim se esgotar.

Quando a luz se apagar e o ar que eu expirar
Estagnar quando eu inspirar.

Eu vou-me embora, porque uma parte de mim
Não está eximida desta amargurada sina.

E os poemas que escrevi? É patente que ficarão.
Uns rasgarão sorrisos e outros continuarão dando
Presença a dor, quando se lembrarem das minhas fadas
Mãos que circulam a cada papel.

62

*Eu vou partir, quando meu corpo extinguir e descansar
Na paz.*

*Eu vou-me embora e tenho a certeza que serei poema em
Forma de pó…*

27. Abril. 2023

II

POETIZAR

POESIA ESFORÇADA

Escrevo sem querer esta linda poesia.
Poesia que enxuga as gotas de lágrimas
Por mim choramingadas...

Poesia que me leva avante na hora do insucesso.
Que me faz tornar campeã no topo das poetisas.
Escrevo sem querer, esta linda poesia.

Poesia ignorada pelo analfabeto e valorizada pelo
Estudante. Poesia que alimenta a minha alma com
Palavra belas...Que traz à luz na hora do escuro.

Escrevo sem querer esta linda poesia.
Poesia que me enche de alegria na hora da
Infelicidade. Que faz brotar em meu rosto o renascer
De uma nova face.

Que me faz conhecer o verdadeiro sorriso…
Poesia que me torna lúcida na hora da leitura.
E escrevo sem querer…

Fevereiro. 2012

RIMAS

Rimas que batem no meu peito encontram meu
Coração e bombardeiam juntos.

Rimas que alegram a minha alma quando o desespero
Sufoca o meu ser sem tentar me afagar.

Rimas que engrandecem o meu ser quando a solidão
Me aperta e me desqualifica.

Rimas elegantes, refinadas, com regozijo eterno e
Permanentes em minha alma.

Rimas de rimas de outras rimas, rimam com as rimas
Das minhas rimas, rimas que sustentam o poema com
Grandes rimas…

68

Rimas que me fortalecem e me tornam campeã…

01. Junho. 2013

CANETA

Caneta que risca a sublime folha
Do meu caderno.
Caneta adulta, subtil e sábia…

Caneta que escreve tudo de si enquanto
Penso, caneta que me faz escrever seus
Lábios carnudos e rosados.

Caneta esperançosa, ciumenta e sangrenta…
Caneta que explica tudo de si
Em uma só linha.

Caneta que me faz reviver nossas vivências que
Ainda não aconteceram. Caneta da sorte que me
Permite enxergar em si o invisível…

01. Junho. 2013

UM POETA

Sou poeta dos velhos tempos,
Deus me deu este dom eterno para
Escrever enquanto penso.

Não sei falar em voz sonante,
Risco a caneta que tenho, para expressar
O verso lírico e compenso.

Sou poeta dos velhos tempos
Minhas rimas têm temas
E são tementes aos bons leitores que temos.

Quem me dera ser as letras
Inerente a este livro, para mostrar
Aos bons leitores que sou poeta dos velhos tempos…

01.Junho. 2013

DOCE POEMA

No poderio da declamação canto com rimas.
Não há poemas brancos, não há poemas soltos.
Canto em poesia e tudo é uma combinação, que
Alcançou meu coração.
Ouvintes que submergem recitam comigo…

20. Abril. 2023

POETAR

Se eu não proferir vou poetar,
Se eu proferir vou poetizar…
Não tenho jeito, de um lado para
O outro torno tudo poético…
Cantando em verso, me torno poesia

25. Abril. De 2023

III

DESAFORTUNADO

DESAFORTUNADO

DESAFORTUNADO

Eu caí sem querer num continente esquecido,
Num país que é forte de fome e alimenta
Os meus olhos com tanta riqueza…

Para quê vou chorar? Se sou preto sem sorte.
Vou viver de migalhas, aceitando o que sou
Esperando o meu dia.

Para quê vou lutar em alcançar o sucesso?!
Se o que faço é inábil, não será aceite. Minha
Vida é lutar conseguindo comida para sobreviver…

Será que eu devo chorar? Lamentar todos os dias? Não!
É melhor aguentar e esperar meu enterro que eu não sei
Quando será.

27. Fevereiro. 2012

PENSEI

Pensei que vou voltar a ver.
Ver aquelas meninas que tanto
Me admiravam,
Admiravam-me porque eu era bom homem…

Homem charmoso que só ia atrás das garotas…
Garotas que me admiravam e eu ignorava-as.

Ignorava-as porque não tinham o meu nível,
Níveis académicos baixos elas tinham…

Pensei que vou voltar a ver.
Ver depois de me tornar cego,
Cego por acidente porque assim acordei.

Acordei no escuro e continuei a ver perto.

Preto de maldade porque sinto que é uma praga,
Praga das mulheres de baixos níveis por mim
Ignoradas…
Ignoradas, usadas e estragadas por mim.
Eu que agora só cego…
Cego confundido com maluco por não ter
Onde habitar.
Pensei que vou voltar a ver…

2012

CHORO SIM

Quando a solidão sólida
Descodifica a tristeza do meu
Coração.

Choro lágrimas em gotas mil.
Quando o sonho se transforma em realidade
Apenas no sonho e numa eterna canção.

Quando você se afasta de mim
E a minha solidão torna-se verosímil.
Choro sim…

Quando penso que o dia amanheceu e
Acordo numa tarde solar, tentando não me
Lembrar de você, choro sim…

79

Quando tenho de dormir para esquecer e esqueço de dormir.

Quando me lembro de que você existe e
Insiste em desistir de mim.

Choro mais…
Quando tudo é tangível e subtil excepto
A solidão que esta em mim…

02. Julho.2020

E SE EU ME APAGAR?

E se eu me apagar, escreva e transcreva
Este lindo poema, comece a falar da adjectivação
Do nosso amor e da alegoria da nossa solidão.

E se eu me apagar, faça e refaça este lindo
Poema, fale da aliteração dos nossos dons e
Da anáfora das nossas dúvidas.

E se eu me apagar, edite e reedite
Este lindo poema, fale da anástrofe da
Nossa paixão e da metáfora das nossas dores indevidas.

E se eu me apagar, aplique e reaplique
Este lindo poema, fale da antítese do nosso cônjuge
E da ironia da nossa separação.

81

E se eu me apagar, constitui e reconstitui
Este lindo poema, fale do eufemismo da minha morte
E do disfemismo do seu orgulho…

Setembro. 2015

NOTIFICO

Meu sereno amor que procuro as noites
E nunca se manifesta...
Perdidamente sonho acordado, olheiras
Fixam em meu rosto por mil noites perdidas...

Notifico
A solidão que sufoca, as noites que fico sem
Dormir, as lágrimas que inundam o meu rosto por pensar em
Ti...

Notifico
A pressão, os batimentos urgentes do meu coração,
Com a ânsia de poder te encontrar, com a ânsia de poder te
tocar.
Vem em mim, para juntos nos amarmos, sem medo do
finito...

83

Notifico
O tempo que se vai às pressas quando me ligo para pensar em
Ti.
Notifico à vontade de te abraçar, procuro o teu corpo mas só
Encontro o intangível, na minha imaginação…

24. Março. 2023

MEDO

Medo de dizer o que sinto porque
Sou tão tímido.

É linda e tão linda
Que estou com medo de me enxergar.

Medo de abrir meus olhos em frente dela
Porque sei que brilhará e ela vai notar.

Medo de a encontrar com outro
Na esquina do meu bairro.

Medo de receber um não na hora
De combinarmos as nossas saídas…

85

Medo de que ela me aceite por pena.
Ai como eu choro…
Meu coração bate parece um
Batuque quando a vejo.

E o amor atormenta-me as noites pedindo
Para expressar o que sinto.

Fevereiro. 2012

SOLIDÃO

Para quê sorrir? Se a solidão mora em mim! …
Lamentar ou chorar ela já se foi…

Como pode o pobre seguir o rico? Se as migalhas
De comida deixada para o cão o pobrezinho apanha.

Como vou falar do meu eu? Se a garotinha enriqueceu e
Esqueceu seu passado.

Será possível condenar sem ter causas?
Será possível fugir sem roubar?
Ai solidão não me acompanhe mais…

27. Fevereiro. 2012

MADRUGADA

Sonho em plena madrugada
Sonhei, sonho lindo naquela madrugada.

Conheci a mulher que jamais vou toca-la,
Aproveitei beija-la naquela madrugada.

Como era um sonho pedi-lhe seu telefone naquela
Madrugada… E ela disse sim…

Despertei de madrugada e liguei para ela. Ai!
Que tristeza… Minha mãe de madrugada atendeu.
Oh oh oh…

27. Fevereiro. 2012

NA Quarta-feira

Abri meu quarto e me deparei
Com o retrato dela.
Qual era cor?
Já não me lembro.

Só sei que quatro dias depois
Ela tirou seu retrato.

Retrato que era minha única
Lembrança.

Meu coração repartiu em quatro pedaços,
Depois de quatro dias.
Quem era eu, já não era eu...
Era o meu cadáver.

2013

A MULHER DO NUNCA

Aquela morena de olhos
Castanhos, cabelo comprido,
Lábios carnudos, ela não é…

Aquela de umbigo profundo,
De rabo empenado, de seios
Decotados, ela não é…

Aquela de unhas compridas,
Barriga sarada, cintura afinada,
Ela não é…

Aquela de pernas grossas e
Arqueada, ela também não é…

A mulher da minha imaginação,
Ela não é… Ela é a mulher que o destino me deu.

27. Fevereiro. 2012

CONTABILIDADE DO AMOR

Fiz o diário da nossa cumplicidade.
Debitei todo amor que eu sentia por ela,
Em contrapartida ela creditou.

Ironia foi eu ter pensado que tudo seria
Balanço, quando ela fazia o razão das nas brigas.

Todas às vezes ao amanhecer eu controlava o
Diário da nossa cumplicidade e nem o inventário conluia...

Enquanto eu chorava, havia um balancete
Para verificar a minha dor, porque eu me sentia
Como se estivesse amortizado.

92

Apurei então o resultado do nosso namoro e não
Havia demonstração de resultado...

26. Março. 2023

NA SOMBRA DO PASSADO

Não há luz, nem amor,
Não há carícias, nem estrelas…

É tudo uma questão de apagão,
A luz brilhava e já não pode mais.

Quando lá entro conoto almas frias,
Feridas ardentes… E saio a correr.
Por tudo é amargo.

Por nada seria doce, mas não é…
É sombra, é passado, é tristeza, é tiro
Que acerta o coração.

94

Sinistro é a dor de quem lá permanece.
Com vergonha de contar não pode desabafar,
Continua sendo triste…

26. Março. 2023

ACORDE PENSADOR

Coberto de saudades ele chora,
Na leveza do silêncio adormece e viaja.

Viagens com marcas do passado, onde
Encontra a dor e angústia.

Angustia insolúvel com máculas e
Sangramentos. Sangue na alma, sangue na
Veia, sangue no corpo todo…

Pensador abalado, no seu triste redil, retire sua
Vida às dores e a entregue a alegria da vida mais
Profunda.

Acorde pensador, vamos à luta… Ninguém é choro
Ninguém é lágrima, ninguém é lamento, ninguém é
Solidão…

Somos acordar, acordar fortes, com armas de metas
Nas mãos. Prontos a lutar, lutar e vencer, acorde pensador,
É hora, é dia, é momento de vencer.

26. Março. 2023

DESILUSÃO

Confiei no amor, confiei na escrita.
O amor me enganou, a escrita me exaltou.

Não escrevo parar continuar escrevendo. Escrevo,
Para obedecer as marcas da vida que a própria
Vida exagerou.

Marcas da vida, onde encontrei outro amor também
Desiludido, com pranto e tristeza caminhamos juntos,
Em caminhos escuros lá íamos os dois.

Esquecer as porradas da vida até posso saber, na
Realidade é que só me lembro de como entrei e amei
Ao sair vejo becos e me perco pelo caminho.

98

*Agarro o outro amor desiludido também e caminhamos
juntos…*

27. Março. 2023

NOITES PERDIDAS

No silêncio da noite lembro-me
Do seu olhar, olhar em espécie
De faróis.

Faróis da parte de trás que nunca
Desiste de me iluminar.
Se apagar essas luzes, eu bato na contra-mão.

Transformo-me num objecto distorcido
Causado pelo embate.

Ate seus olhos iluminam o meu caminho quando
Ando por trás de si, não sei por que insiste em me
Desprezar e me focar com sua luz traseira.

Queria eu que esse embate acontecesse, talvez eu
Lhe vejo chorar por mim, muito antes de eu desabar.

27. Março. 2023

QUERO CHORAR

Quero chorar lágrimas perpétuas.
Quero abandonar o passado que se
Tornou triste num presente desesperado.

Já não há esperança, já não há lutas, quero
Ser finito, um término capaz de não
Voltar nunca mais.

Me arrependo por cada oportunidade perdida
Que deixei escapar, me arrependo por não segurar
Com garras a luz que iluminava os meus olhos…

Ai! Minha ilusão, tornou-me num impar, neste
Presente que todos chamam de prosperidade
E eu só vejo o tal desespero.

21. Abril. 2023

GRITO DE SOCORRO

Não gosto do anoitecer, ruas vazias,
Coração entristecido, procurando um abrigo.

Onde os meus lençóis são as folhas das árvores,
O frio me consome, o vento e toda aquela dor destroem
O meu ser.

A terra que transformei em cama manchou-me,
Fiquei coberto de pó e ando sujo pelas ruas…
E quando vem a chuva, as árvores me defendem, uma a uma
De cada vez.

Peço socorro ao Deus vivo. Senhor, olhe para mim.
Sou visto como um louco, sujeito sujo com imagem
Desabada…

Sou um pobre arruaceiro que a vida escolheu açoitar.
Olhe para mim.

21. Abril. 2023

AFÁVEL NEGRA

Eu particularmente gosto da sua
Melanina em denso tom…
Deus lhe deu todos os órgãos preenchidos,
Não se sinta inferior.

Minha afável negra, mulher de vestes azuis,
Que cafona a minha cabeça todas às vezes que me deito para
dormir.
Enquanto há um ar para lhe suportar, sinta-se satisfeita.

Sinto os palmos de suas mãos aquecendo meu rosto.
Com suas carícias afáveis, você é rara! Minha melanina em
denso tom…

Entro em noites e saio em dias procurando detalhes para
Descrever essa ternura mulher, se de uma coisa eu tenho a
certeza, é que a África lhe acolhe bem.

105

Acalente suas raízes, abrace a doce mãe natureza, e dê um Basta as dores do racismo. Minha afável negra, melanina em denso tom…

24. Março. 2023

ANDAR DE GAZELA

Seu andar de gazela de marca negra,
Em tarde amena me fascina. Não obstante.
Me deparo com seu olhar na oficina…

Olhar a luz de sol, são seus olhos brilhando
Puramente em minha direcção.

Vamos nos amar em forma solo e pé, com
Tendência de aquecer meu coração. A distância
Nunca será desilusão, porque cada batimento nosso
Nos unem mais.

Seu andar de Gazela me fascina, com tendência de
Abrir meu coração e nunca voltar dar uma chance as demais.

21. Abril. 2023

ÚLTIMO GRITO DE UMA VIÚVA

Nascida com alegria resplandecia enquanto
Crescia, inocente da dor que se aproximava.

Cada passo que o tempo dava era um leque
De angústia, que mulher isolada.

Criada por dupla flor, onde uma desabrochava e
Outra fechou-se eternamente.

Abraçava a flor impar e com ela caminhava até
Que também se fechou eternamente.

No amor acreditava, uma vez, duas vezes, até três
Vezes, degustava por pouco tempo e vinham lutos
Consecutivos...

Apunhalada pela vida, uma dor atrás de outra.
São moléstias que não saram.

Acometida pelo povo imprecado foi o fim da viúva.
Com prantos e gritos, clamava clamava e ninguém
A socorria, então as estrelas nos céus acolheram-na.

09. Maio. 2023

MELANCOLIA

Dói na alma, dói na pele,
Dói na veia e afecta o sangue,
Dói no corpo inteiro…

Reitero a bondade que doei ao
Passado amor, são nostalgia que
Que não somem.

Dor me afecta, dor me consome
Dor me apaga em certo tempo, dor
Que não se cala.

Quero transpor essa dor, no âmago
Da felicidade para entender a razão de
Quem nunca soube me amar…

11. Maio. 2023

DEIXO-TE LIVRE

Eu aqui ao lado do passado, apreciando o ermo.
Abraçando a solidão, querendo me afastar dela, mas
Sem ti por perto, declaro que é impossível.

Gostava que me desses uma chance, para te mostrar
Meu puro amor, amor sem disfarce, que está cansado
De esperar mas sempre disponível.

Não desisto, não sei desistir, mas confesso que por
Um amor não correspondido prefiro me apagar, para
Te esquecer e não te ver em outros braços…

Nessa contumácia de te amar vou morrer aqui
Disperso. Deixo-te livre meu amor.

30. Maio. 2023

QUARTO DE CAPIM

Terminei aqui sentado, no meu quarto de capim.
Germinando arrependimento, por deixá-la ir...

Estou com medo de que meu próprio coração
Desista de mim, não quero zerar-me e me prometo
Aguentar.

Aguentar esse término tenebroso, na esperança de que
Nossas almas se reencontrarão em algum lugar.

Terminei aqui, como um sabujo, eu mesmo, o vil
Desesperado que vive em tormento, nessa cubata
Em descontentamento.

*Terminei aqui, perseguido pela solidão, com a ânsia de me
Tornar num homem afortunado e sorteado novamente
No amor…*

29. Maio. 2023

IV

PÁTRIA

DOCE PÁTRIA

<u>ANGOLA</u>
Angola libertou-se, Angola venceu,
Angola renasceu, Angola cresceu…

Minha eterna pátria, coração de um forte
Homem, onde seu batimento cardíaco
Chama-se zungueira!

Suas mãos macias abraçam os tristes órfãos, com
Suas cobertas por todo lado agasalham os estrangeiros…

Angola libertou-se, Angola venceu,
Angola renasceu, Angola cresceu…

Com um leve toque enxuga as lágrimas dos oprimidos,
Alimenta os desamparados e aquieta o coração dos
necessitados
Com a sua forte paz…

Com um olhar de terra mãe, restitui a alegria ao rosto do
Mutilado, agarra forte os seus queridos filhos indefesos…

Angola libertou-se, Angola venceu,
Angola renasceu, Angola cresceu…

Minha Angola, minha eterna pátria, que as marcas do
Passado abandonem o coração do seu povo e que o regozijo
De te ver fluir continuem em nossos rostos…
Angola a progredir, Angola a progredir!

24. Março. 2023

SECAGEM

Brota em nosso musseque secagem.
As secas que nos põem em pânicos e sem fulcro.

E as aves morrem por causa da seca…
Secagem que faz acabar com a gente e brota
Poeira nas bandas.

Brota em nosso musseque secagem.
Secagem fortes que acabam com os animais
E matam as plantas sem piedade.

Brota em nosso musseque secagem.
Seca em Caxito e tudo acaba no musseque.

Brota em nosso musseque, seca, secagem,
Secante… brota em nossa terra e a gente termina
O nosso viver com a seca no musseque….

08. Maio. 2012

TALVEZ

Quando vou voltar para minha terra natal?
Quando vou rever meu meu embondeiro?
Quando vou comer o funge de candumba?
Diz-me mamã…
Esta cidade é tão cheia de gente fina…

Talvez, talvez, talvez…

Quando vou voltar a conversar meu dialecto?
Quando vou despertar com o canto do galo?
Quando vou apreciar as casas de capim?
Diz-me mamã…
Esta cidade é tão cheia de gente fina.

Talvez, talvez, talvez…

Quando vou voltar para o meu Bengo?
Quando vou rever o Jacaré Bagão?
Quando mamã?
Esta cidade é tão cheia de gente fina.

Talvez, talvez, talvez…

Kuitambuinja mamã, kuitambuinja minha mãe
lenguluka…

2013

ENTRE O CRIADOR E A CURA

África, terra abençoada por Deus.
Pisada pelos anjos negros…

Onde o alvo do povo humilde é a cura.
Cura sustentada por palavras, palavras que
Retratam saúde e nunca o Criador.

Criador dos seres existentes na África minha,
Que se corrompem pela cura instantânea.

É na África, onde os homens são apunhalados e
Castigados pela ignorância, gente que renuncia Deus
Em busca da cura.

Estou com vergonha do povo enganado…

Povo que se coloca no redil para acreditar
Em dons farsantes.

África minha doce mãe, nosso foco é a salvação.
Salvação de almas pecadoras, pecados redimidos
Por Deus, pecados mortais mas sustentados
Para sobreviverem.
Estou com vergonha do povo enganado…

2014

TÚNEL

Eu sou filha do coronel.
Ainda posso jurar bandeira,
Porque meu pai zelou esta terra…

Sou modesta de bom humor,
Libero esta grande nação, mas nunca a velha terra.

Posso até render continência, mas meus
Olhos choram sangue, por perder o homem
Do kiko verde.

Os rios me consolam, é a vida, é a guerra
É arte do inimigo…

124

Só não sei se o mundo lembra onde fica o velho túnel.
Caminho ingrato, caminho traidor que acolheu
O inimigo para acabar com Coronel…

15. Setembro. 2023

SULISTAS

Meninos sulinos, meninitos, que foram
Consolados em dias de guerra, hoje fortes e
Firmes à nova era.

Nesse sul que agora é sereno, paz e amor reinam
Com fartura em vosso ser.

Humildade faz-vos filhos prezados…

Sulistas livres dos caprichos da guerra.
Cantem glória e contem vitória!

20. Abril. 2023

NETO

Neto filho, Neto pai, Neto avó…
O lirismo que te alcançou também me alcançou,
Mesmo sem poder te conhecer morada fazes em
Meu coração.

Neto, senhor dos poemas que confortam o povo
Descontente com seu adeus.
O herói que renunciou o impossível.
Seus poemas geram poemas …

Com espírito de liderança libertou um povo sofredor.
Neto herói!

17. Setembro. 2022

EU SOU ANGOLA

Eu sou Angola, a vestida de vermelho,
Amarelo e preto.

Sou filha da mãe África, tenho 53 irmãos, sou
Aquela que gerou 18 filhos e continua em boa
Forma física.

Eu sou enorme, com 1.246.700 km2 albergo todos
Os filhos meus…

Filhos meus que produzem petróleo, gás natural
E diamantes… Geram café, milho, ginguba e algodão…
São donos das belas praias e rios…

Eu sou Angola, a que carrega a melanina da mãe África,
E continua sendo linda. Eu sou aquela, a dona do kwanza…

Com o hungo, o Kisanji, a marimba, a cuíca e a dikanza,
Fazemos as nossas festas, dançando kizomba e bailando
O nosso semba…

Eu sou Angola, a que desperta com o canto do Galo,
A que chorou em tempo de guerra e hoje coberta de paz…

Eu sou aquela, que cresce com hastear da bandeira
E descansa com seu içar. Eu sou a formosa pátria, filha
Da mãe África, eu sou Angola…

12. Maio. 2023

DESAFORTUNADO

131

HOMENAGEM AO MEU QUERIDO PAI

João Maior

ETERNA SAUDADE

Pai

Pai, eu queria que ouvisse todas as palavras

Que tenho a dizer.

Eu queria poder lhe abraçar, eu queria poder

Olhar para si e dizer que o amo, mas a morte

Encontrou você mais rápido que o meu

 Crescimento…

Seu retrato invadiu meu vazio e caminhamos

Lado a lado, hoje sou grata por cada fotografia

Sua, grata por cada carta enviada, guardo-as com
desvelo.

Cartas que enxugaram as minhas lágrimas e permitiram
que eu me sentisse mais perto de si…

Pai, minha maior fonte de inspiração, meu herói…

Eu irei sempre lhe amar, eu irei sempre cuidar do seu nome.

Nome que carrego na veia, nome timbrado em meu sangue.

Vou perpetuá-lo aqui, com ajuda desta obra literária.

Pai, tenho a certeza que tenho muito de si em mim...

Obrigada por me transmitir essa marca literária.

Vou eternizar aqui nosso nome, com auxílio desta obra literária…

16. Junho. 2023

AS NOVIDADES DE ZÉ BANGÃO

Obra literária de João Maior

1983

Género: Romance

João Adão Maior

Nascimento: 15 de Setembro de 1961

Morte: 16 de Junho de 1993

As Novidades do Zé Bangão
— A Mulher estertaihona

1- O Homem que nasceu nos 60 acabava de completar 27 anos de idade e sentia já o desejo de viver com uma companheira. Pensava as formas de conseguir a desejada companheira. De princípio tinha em vista uma que se chamava Laurita mas essa mais tarde vinha a se casar com um conhecido e que se chamava Berna.

Zé Bangão era de facto Bangão e quando passava na rua quase toda gente esticava para a tinha uma maneira de andar característico só dele. As moças gostavam dele mas esse era lento. Certo dia uma moça que lhe despertou atenção e assim quase todos os dias nas mesmas horas encontravam-se o Bom ela. Ali Bangão tinha toda razão de a cumprimentar e começar o que se segue.

Bom dia moça essa nunca respondia, o Bangão nunca perdia paciência, depois de muito tempo de insistência e quase quando pensava desistir Bangão fez a sua última tentativa que corresponde com a sua sorte que não sorte e assim acima começou.

Bangão — Muito Bom dia Moça

Moça — Bem obrigada

Bangão — Com ele?

Moça — Bem e Tu

Bangão — Bem e parece-me hoje penso que hoje a a Moça acordou de Bom Humor.

Moça — Passei Todo a noite a pensar em Ti e cheguei a conclusão de necessitavas de alguma coisa de mim e hoje resolvi responder-Te e ao mesmo tempo ficar ao seu dispor Todo Tipo de pergunta que me quiseres formular.

Bangão — Certo, a preposito como Te chamas

Moça — Sorte Manuel Bangão

Bangão — José Manuel filho

Moça — Mas eu perguntei a uma amiga minha e disse — que Te chamavam de Zé Bangão.

Bangão — esse é o nome que me chamam por causa da minha maneira de ser eles dizem que tenho uma característica só minha mas eu não aguento o tu achas que sou mesmo Bangão

Moça — acredito por isso é que não Te queria responder e ter qualquer tipo de confiança, consigo, porque pessoa com essa Bangão toda é dono de toda mulher e se não fosse a minha na gabaram mais...

Bangão: Ou que começo agora a me aborrecer com a própria minha maneira de ser pois já tenho 27 anos de idade e não consigo arranjar uma companheira e que seria a mãe dos meus filhos.

Moça — Tem se dito que amante mais dos filho é uma senhora que chega a fazer filhos com um homem e não sendo a viver será essa a sua inclinação?

②

Barão - Não Moça o verdadeiro sentido do que disse é eu saber conquistar a mulher e com ela viver em comunhão de mesa.

Moça - Penso que já conversamos de mais e o resto fica para próxima.

Barão - Eu não acho que já falamos de mais aliás eu para ti as palavras nunca serão de mais e tenho sempre algo para te dizer ou não estás a gostar da minha conversa?

Moça - Já que assim então podemos irmos conversando.

Durante a caminhada conversaram em diversos assuntos, quando a dado momento a moça diz para o Barão chegamos. Quando o Barão ia se despedir dela essa convidou-o para entrar, o Barão ia exitar quando a Moça replicou adiantando as intenções do Barão, Não tenhas receio sou solteira, Tenho 24 anos de idade e moro sozinha há mais de seis anos, tinha apenas 23 anos quando pensei ausentar-me fora dos meus papás. Lá o Barão entrou e certificou que de facto era solteira a casa era solitaria. A partir daquele momento Barão e Sorte constituiram um casal ali trocaram carinhos e amor parcial, quando chegou a hora do almoço juntos foram a mesa e almoçaram festivamente e depois disso foram para o quarto onde continuaram com brincadeiras amorosas e ali o Barão pensou Hoje a Sorte não me abandou e quanto ia chegar no amor propriamente dito ~~sentiu~~ ouviu-se a porta ser batida e assim fingiu não ouvir e ouviu-se novamente, o Barão disse que alguem bate a porta, assim o Barão deu um pulo da cama e vestiu-se rapidamente. Foi nesse momento que se ouviu a porta ser batida com violencia, a Moça perguntou de dentro quem é?, do outro lado respondeu uma voz Marcolina, a Moça olhou para o Barão e disse meu marido, mas não tem problema tu vas a varanda e lá tem o ferro e um cesto de roupa por engomar vai passando a roupa enquanto eu despacho rapidamente o gajo e lá o Barão foi e ela abriu a porta entrou um homem que pelos ares deu logo que entender era o mesmo o marido da Sra. O homem que acabava de entrar era alto, forte e calmo com comportamento melancólico. Reparou pelo Barão e perguntou a mulher, quem é aquel Senhor - teu resposta a Moça disse a nossa lavadeira já vai uma semana que não aparece e temos quase toda roupa por engomar e ~~a~~ Hoje esse Senhor apareceu este Senhor a pedir emprego e eu dei-lhe esse serviço.

O homem pediu almoço - a mulher disse que já não havia nada porque o almoço que eu te havia deixado dei a esse Senhor pois que pensei que já não vinhas. Diante dessa situação o homem sentiu-se indisposto acabou por não voltar ao serviço e pois-se todo na cama e a mulher num gesto de consolidar ~~foi também~~ deitar-se ao lado do marido e lá começou a capa estava quase a acabar e o homem nunca mais mais toda a pena que estava a desenrolar entre os ~~~~ e quando a mulher e Marido, Bangão era Testemunho.

Bangão acabou por passar Toda Roupa e o Marido não saiu. O Rapaz não teve outra se não despedir o casal então dirigiu-se ao casal e disse: minha Senhora já' acabei no entanto até' amanhã até' amanhã Respondeu ela Ve se amanha não falte porque Temos aí alguma Roupa para lavar, está, Bem Minha Sra.

Bangão lá' saiu muito Saliado pensando no Golpe que a esperталhona da Mulher lhe Tivera Soltado, ficou Transtornado.

Pois-se a pensar no contra Golpe e não encontrou Solução então pensou expor verbalmente ao Seu amigo íntimo o que lhe Tivera acontecido. Meu dia procurou o amigo para lhe dizer o que com ele Tivera acontecido mas não teve coragem de contá-lo de cara Seria então convidou o amigo a Tomarem uns Copos num dos Bares da Cidade Luanda e lá foram depois de Tingirem algumas canecas de Cerveja esse ganhou Coragem e disse ao Amigo.

Opá' eu Tenho um grande problema e necessito à tua ajuda moral o amigo muito Sério perguntou o que se passa Consigo?

Ba oster Não é capaz de acreditar mas é verdade e de seguida comentou ao Amigo o Succedido ao Amigo e deves enquanto fazia uma pausa para Bebar um Trago. No fim da Sua explanação quando menos esperava do Amigo esse pois-se a rir e de Bom Riso; Bangão ficou Aborrecido Com o amigo e disse Oh passito! exclamou Bangão espera uma ajuda Sua e Tu ponhe-se a rir em gesto de um Aborrecer mais em vez Aborrece, o Amigo que acabava de dar as Suas Gargadas Olhou para o companheiro e disse ma... Sabe que estou a rir é que aquela Roupa que Tu lavaste Fui eu quem lavei e com o mesmo Truque, passas essa gafa é mesmo esperta ladrona. e assim foi que a esperta ladrona Metteu no Basto os dois amigos.

2 - Bangão Casado

Passado Algum Tempo Ba-gão casou-se Com uma Moça cujo a inteligência dessa veio mais Tarde a divorciar-se.

Bangão e Passito eram Bons Amigos e onde Passito arranjava uma Namorada o Bangão Também lá arranjava, no Bairro onde Moravam o Passito Tinha uma Namorada que se chamava Mingota e frequência o Seão de uma igreja evangélica onde participavam muitos jovens entre eles Homens e mulheres e como Se que o Passito Fosse encontra-se Com a Mingota estava presente o Bangão, Mingota pensou que o amigo do Seu namorado necessitava de Também uma Companheira e num Belo dia essa levou Consigo uma amiga que se chamava Antónia e que lhe chamavam Zinha apresentou-lhe ao Namorado e ao Amigo esses Simpatizaram Com a mesma e a partir daquel dia o Bangão passou a Ter inter confiança con a Zinha mas passado alguns dias o Bangão é apanhado para

A incorporação Militar na qual o mesmo vinha se furtado a viver, enviado para Brá onde fez a sua instrução Básica as coisas ali aí se complicaram bastante. Um dia recebeu uma carta da Tinha e que entre outras frases destacam-se as seguinte:

Bangão a partir do momento da sua incorporação deixo de contar consigo e Tu comigo e isso por seguintes Razões eu e a minha família somos religiosas enclusive os meus pais e ostariam desgostosos em saber que me meti com uma da. das FARIA pois esses nunca acreditaram em Deus e ainda dizem que a Religião é um reflexo deformado e fantástico da Realidade. Traço característico é a fé sobre Natural e nesse caso meter-se consigo constitui um desvio religioso a minha pessoa a poderá um dia os meus pais despresar-me de casa.

Algum Tempo passou a Angola ficou Grávida e quando chegou ao conhecimento dos pais ela foi encarregada ao Passito. O Passito era Tanzanitado estudante reunir sua família e foram legalizar a situação da Angola mas essa família diz o Passito que para pagar o Abuso deve casar num prazo certo com a nossa Filha e Passito não Teve outro Remedio se não aceitar as exigências da família da moça.

A Tinha fora visitar a amiga já no lar teve invefa da outra e pensa escrever para o Ze' Bangão mas existou porque afinal espera-sa resposta desse não tardou muito Tempo. Nem domingo de manhã viu Passito em casa e com ele bem conhecido pelos Pais da Tinha ali ela adinhou que lhe trazia Notícias do Amigo e foi a primeira a perguntar pelo amigo — Não me digas Trazes notícias do Seu [...] pai de passar o Passito respondeu eu escrevei para mim e vi, os olhos da Tinha Brilharam de Alegria e o que Te dou na carta — disse que estava Bem e que [...] nada preocupada porque estava quase a Te perder devido a [...] que ele recebeu e que dizias para [...] que ele não contar consigo e pedirmos para ponty de ti Thamitir as suas intenções. Quanto a Sua vida na Tropa não Te desencaminharás da igreja, e foi lhe contaste a Sua amizade com a mingala — Não poderás fazer-lhe uma Surpresa se que mandei — ele vira dentro do proximo mês passar férias. Passito entregou a carta e depois despedia-se.

A noite no Seu quarto Tinha leu a carta com atenção e repetiu muitas vezes pois a carta trazia palavras bonitas e promessas — Tinha não dormiu, pegou num papel e envelope e começou a escrever:

Recebi a sua carta na qual [...] li e reli e compreendi Tudo o que nela vem mencionada e fes a devolução da Resposta com uma Brevidade possível. Bangão não sei me enganar quando disse na minha carta antrior de que não contavas comigo de facto recebi [...] conceitos de algumas pessoas amigas e que Te conhecem e chegou ao conheci [...] Rapaz educado e que pertences a uma família podala e Honesta Tu e cheguei a conclusão de Vosse será o homem dos meus sonhos

Expressões em Kimbundu

Kuitambuinja mamã, kuitambuinja minha mãe

Lenguluka…: Responda mamã, responda minha mãe, estou com pressa